Stufe 4

LeseLernWissen

Angriff und Verteidigung

Robert Coupe

Xenos

Inhalt

Manche Tiere sind Fleischfresser. Um sich zu ernähren, müssen sie andere Tiere angreifen und töten. Scharfe Zähne und Klauen sind nützliche Waffen für solche Raubtiere. Kräftige Beine zum Treten oder Weglaufen helfen den Beutetieren, sich zu verteidigen. Andere Tiere produzieren Giftstoffen, um sich zu wehren.

Achtung, giftig!

Tiere mit grellen Farben können sehr gefährlich sein. Andere Tiere wissen das und halten sich von ihnen fern. In den Körpern von Raupen und Schmetterlingen stecken Giftstoffe. Manche Frösche haben eine giftige Haut. Das Gift, das die inneren Organe des Kugelfisches enthalten, kann auch für Menschen tödlich sein.

Blätterpfütze

Ein weibliches Erdbeerfröschchen trägt seine Kaulquappen zu einer winzigen Pfütze, die sich im Blattwerk gebildet hat.

Der Goldene Giftfrosch frisst Ameisen. Aus der Säure der Ameisen entsteht in der leuchtend gelben Haut dieses Frosches ein sehr starkes Gift.

Infobox

Viele giftige Frösche wie der Goldene Giftfrosch leben in Südamerika.

Kämpfende Männchen

Die Männchen vieler Tierarten bekämpfen einander. Sie kämpfen um Weibchen oder um Gebiete, die sie kontrollieren wollen. Einige Tiere sind mit körpereigenen Waffen ausgestattet. Stoßzähne, Hörner, Geweihe und Füße können im Kampf nützlich sein.

Männliche Narwale haben zwei Zähne. Einer wächst nach außen zu einem langen Stoßzahn. Im Kampf benutzen die Tiere diese Stoßzähne als Waffen.

Infobox

Auch die Narwalweibchen haben zwei Zähne, die jedoch viel kürzer als die Stoßzähne der Männchen sind.

Hörner

Nashörner leben in Asien und Afrika. Die zwei afrikanischen Nashornarten haben jeweils zwei Hörner auf der Nase. Nashörner fressen keine anderen Tiere. Sie ernähren sich von Gras, Blättern und Früchten. Wenn ein Nashorn sich aber von einem anderen Tier bedroht fühlt, benutzt es seine Hörner zur Verteidigung.

Gruppenschutz

Erwachsene Breitmaulnashörner umringen ein Nashornjunges, um es vor einem Feind zu schützen.

Tüpfelhyänen jagen in großen Rudeln. Dieses Nashorn greift die Hyänen an, bevor es von ihnen angegriffen wird.

Infobox

Breitmaul- und Spitzmaulnashörner leben beide in Afrika. Die Breitmaulnashörner sind größer.

Zähne und Schnäbel

Sowohl an Land als auch im Wasser benutzen Raubtiere ihre Zähne als Angriffswaffen. Weiße Haie, Krokodile, Löwen und Wölfe haben alle scharfe Zähne und mächtige Kiefer. Barrakudas gehören zu den geschicktesten Jägern im Ozean. Ihre spitzen Zähne sind wie Dolche.

Spitz und schnell

Der Indopazifische Fächerfisch benutzt seinen langen spitzen Schnabel als gefährliche Waffe. Er ist einer der schnellsten Schwimmer im Ozean.

Barrakudas haben große, offen stehende Mäuler und können sehr schnell schwimmen. Die größten Exemplare werden so lang wie ein erwachsener Mensch.

Fußtritte

Kräftige Beine sind sehr nützlich, um vor Gefahren davonzulaufen. Sie können aber auch als Angriffs- und Verteidigungswaffen eingesetzt werden. Straußenvögel rennen auf ihren langen Beinen schnell weg. Angreifern versetzen sie aber auch gewaltige Tritte. Pferde und andere Tiere mit Hufen können auch kräftig zutreten.

Zebrazehen

Zebras haben drei Zehen an jedem Fuß. Sie laufen aber nur auf dem mittleren Zeh.

Dieses Zebra tritt gerade einen Afrikanischen Wildhund. Der Tritt wird den Hund außer Gefecht setzen oder sogar töten.

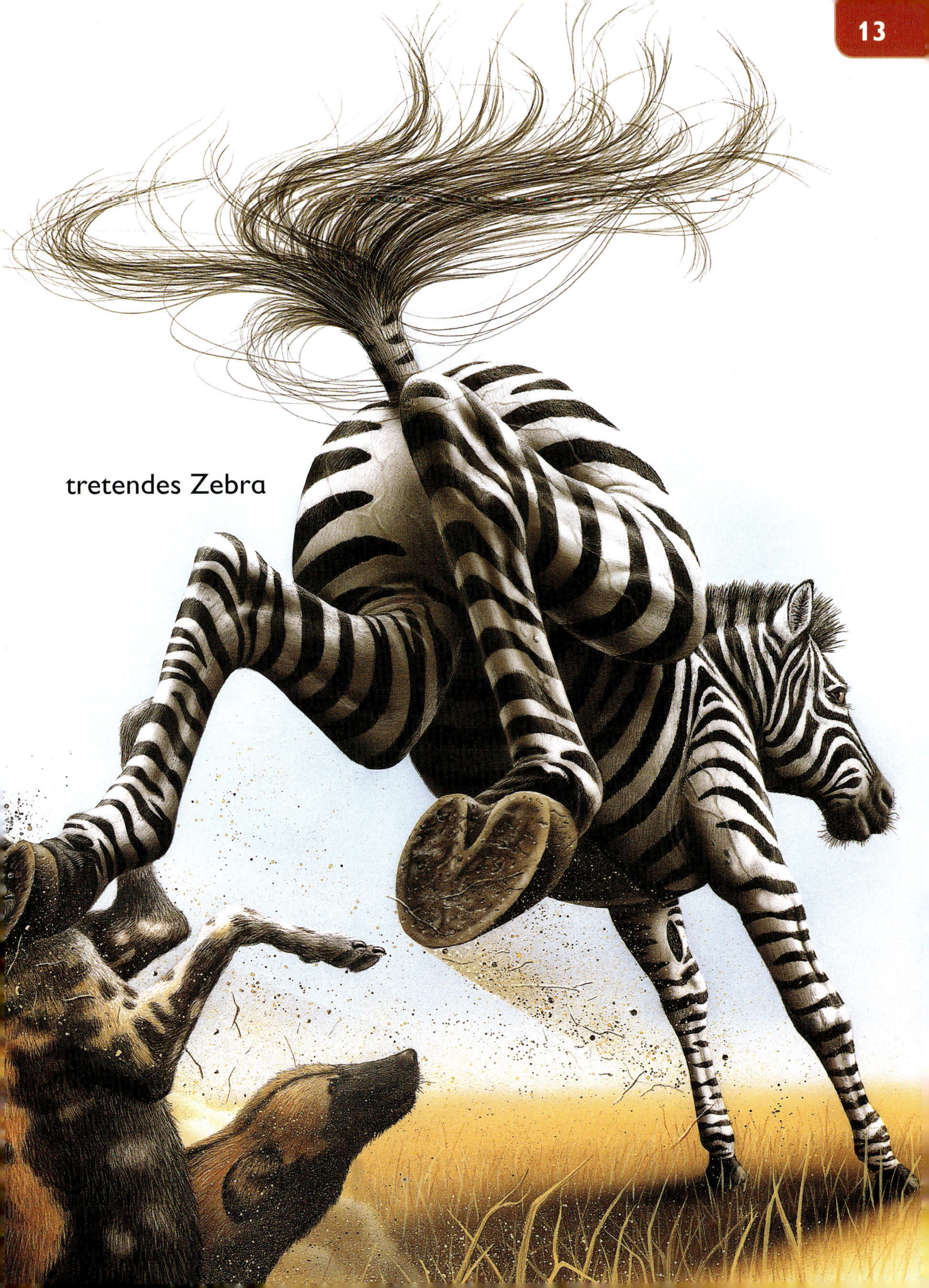
tretendes Zebra

Stacheln

Korallenriffe sind voller Farben. Auch viele der Fische, die in ihnen wohnen, sind knallbunt. Einige davon sind giftig. Steinfische liegen bewegungslos am Meeresboden und sind sehr gefährlich. Das Gift in ihren Rückenflossenstacheln kann einen Menschen töten.

Unter Strom

Zitterrochen betäuben ihre Beute mit Elektroschocks. Ein Organ in ihrem Kopf hinter den Augen kann elektrischen Strom erzeugen.

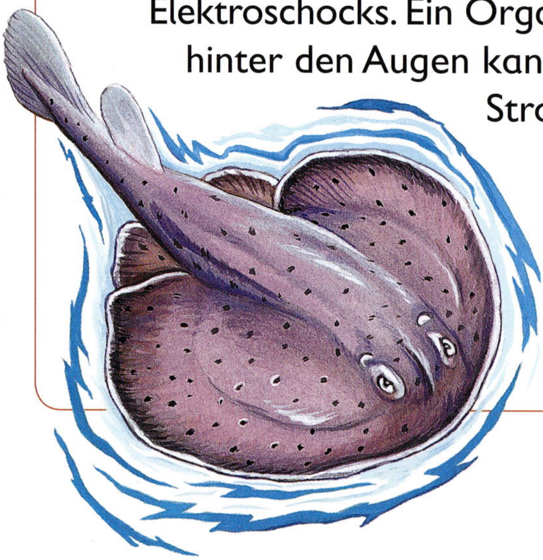

Zitterrochen

Ein Feuerfisch schwimmt durch ein Korallenriff. Seine langen Flossen verbergen die scharfen, giftigen Stacheln auf seinem Rücken. Er jagt nachts.

Tödliche Tentakel

Die Meere sind voll von wunderschönen Lebewesen. Aber viele davon sind hochgiftig. Die langen Tentakel von Quallen treiben unterhalb ihrer glockenförmigen Körper im Wasser. Sie sind voller Gift und töten jeden Fisch, der damit in Berührung kommt.

Giftige Schnecke

Kegelschnecken verstecken in ihrem Gehäuse eine winzige, giftige Harpune.

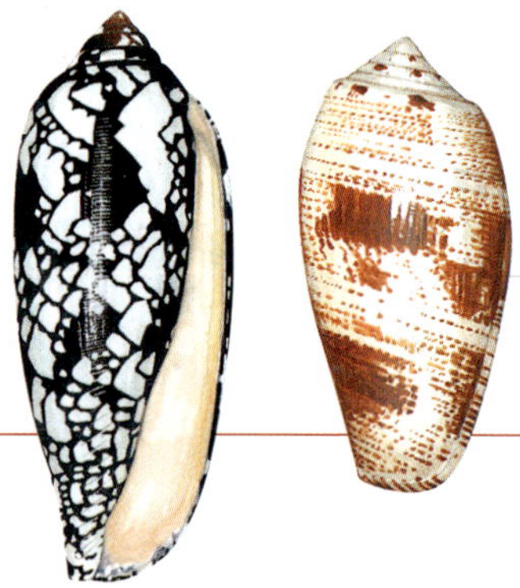

Kegelschnecken

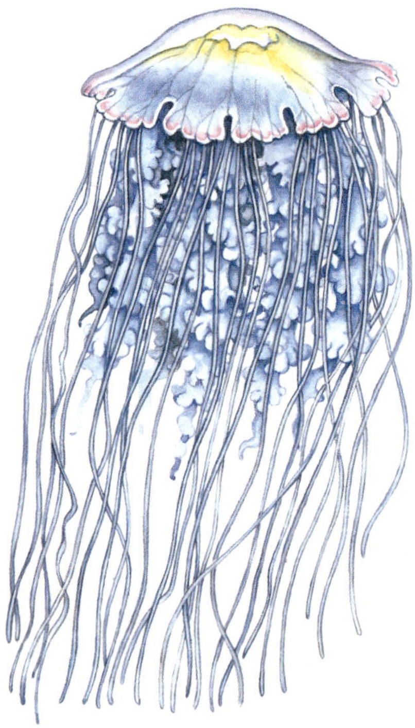

Gelbe Haarqualle

Fische schwimmen, indem sie ihre Flossen bewegen. Quallen ziehen ihre Körper zusammen und spritzen Wasser heraus. Das treibt sie nach vorne.

Infobox

Die Portugiesische Galeere besteht aus mehreren Tieren. Die Gasblase ist ein Tier, und die Tentakel darunter sind auch alle einzelne Tiere. Einige davon haben Giftstacheln.

Würfelqualle

Portugiesische Galeere

Krallen

Krallen sind für viele Tiere wichtige Jagdwaffen. Löwen, Tiger und andere Raubkatzen benutzen ihre Krallen, um Beute zu ergreifen und festzuhalten. Eisbären heben mit den Krallen ihrer Vorderbeine ganze Robben hoch. Die Krallen der meisten Raubvögel sind lang und wie Haken gebogen.

Verschiedenen Krallen

Die Füße und Krallen von Raubvögeln haben unterschiedliche Formen und Größen. Sie passen zu der Beute der Tiere.

Seeadler

Habicht

Sperber

Fischadler sind Raubvögel, die in der Nähe von Meeren, Seen und Flüssen leben. Sie landen mit den Füßen zuerst auf dem Wasser und greifen Fische mit ihren Krallen.

Infobox

Die Haut unter den Krallen eines Fischadlers ist sehr rau. Damit kann er glitschige Fische gut festhalten.

Infobox

Wenn sie auf Nahrung stößt, wackelt eine weibliche Arbeitsbiene mit ihrem Bauch.

Gemeinsam stark

Heuschrecken leben normalerweise allein, aber wenn sie reisen, bilden sie riesige Schwärme. Diese Schwärme vernichten ganze Ernten. Wölfe und Löwen jagen in Rudeln.

Manchmal schwirren Bienen in riesigen Schwärmen umher. Sie können dann sehr gefährlich sein.

Bienenschwarm

Einzelgänger oder Gruppentier

Ameisen leben in Kolonien. In einem Nest können Millionen Tiere wohnen. Manche Bienen und Wespen sind aber Einzelgänger.

Ameise

Wespe

Familienbande

Säugetiere sind Tiere, deren Junge Milch aus dem Körper ihrer Mütter trinken. Auch die Menschen gehören dazu. Manche Säugetiere, wie zum Beispiel Bären, sind Einzelgänger. Die meisten leben aber in Familien oder größeren Gruppen. In der Gruppe ist man vor feindlichen Angriffen sicherer.

Infobox

Erdmännchen stellen sich aufrecht auf die Hinterbeine, wenn sie Wache stehen. Bei Gefahr bellen sie laut.

Erdmännchen leben im südlichen Afrika in Gruppen von bis zu 30 Erwachsenen. Sie helfen sich gegenseitig beim Aufziehen der Jungen.

Eierlegende Säuger

Schnabeltiere kommen nur in Australien vor. Sie sind eierlegende Säugetiere. Zusammen mit zwei Arten von Ameisenigeln sind sie die einzigen Säugetiere, die Eier legen. Man nennt solche Tiere Kloakentiere. Schnabeltiere schwimmen mit geschlossenen Augen. Sie suchen mit ihren Schnäbeln in Flussbetten nach Nahrung.

Klauen

Das Schnabeltier hat Schwimmhäute und Klauen. Mit den Klauen läuft und gräbt es.

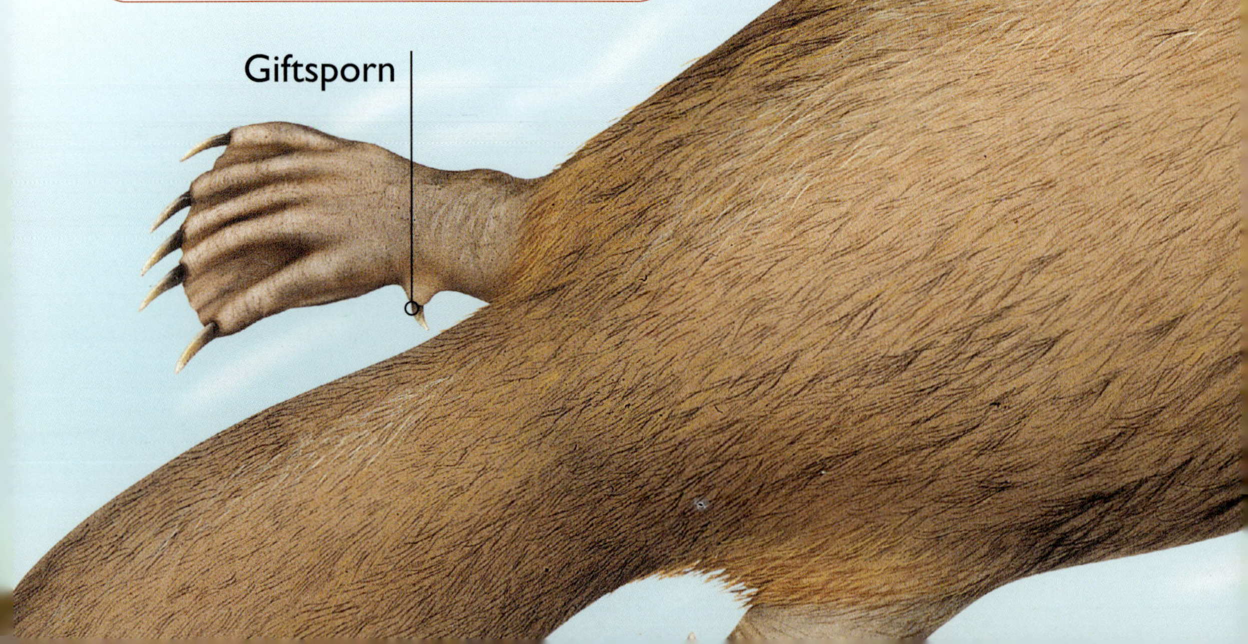

Infobox

Schnabeltiermännchen haben an den Hinterbeinen je einen Giftsporn. Er dient als Waffe, wenn sie sich bekämpfen.

Das Schnabeltier bewegt sich mithilfe seiner kräftigen, mit Schwimmhäuten ausgestatteten Vorderbeine im Wasser vorwärts. Die Hinterbeine sind dafür da, die Schwimmrichtung zu wechseln.

Schützende Panzer

Schildkröten tragen auf ihren Rücken Panzer. Viele können ihre Körper ganz unter diesen Panzern einziehen, um sich vor Gefahren zu schützen. Landschildkröten leben an Land. Wasserschildkröten leben in oder an Seen, Teichen oder Flüssen. Einige schwimmen auch im Meer.

Schutz

Eine Dosenschildkröte unter ihrem Panzer.

Durch die schlammbraune Färbung von Haut und Panzer ist die Geierschildkröte im Flussbett fast unsichtbar.

Infobox

Nur sieben Schildkrötenarten leben im Meer. Sie kommen an Land, um ihre Eier abzulegen.

Die Hörner zeigen

„Jemandem die Hörner zeigen“ heißt, ihn zu ärgern oder herauszufordern. Einige Tiermännchen verkeilen im Kampf ihre Hörner richtig ineinander. Hirsche lassen ihre Geweihe aufeinander prallen. Dickhornschafe kämpfen mit ihren gekrümmten Hörnern. Meistens geht es dabei um ein Weibchen.

Hörnerkampf

Wenn Dickhornschafe miteinander kämpfen, verkeilen sich ihre Hörner manchmal ineinander.

Annäherung

Aufprall

kurzer Rückzug

erneuter Aufprall

Rentiermännchen drücken ihre Geweihe gegeneinander, um festzustellen, wer der Stärkere ist. Dabei verkeilen sich die Geweihe aber fast nie.

Quiz

Finde zu jedem Bild das passende Wort. Vorher musst du die Buchstaben aber in die richtige Reihenfolge bringen.

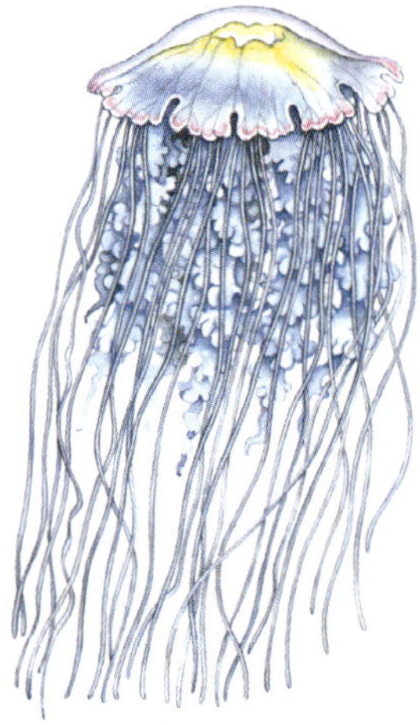

HRANOSN

PEWES

LEQLAU

CÄFHESFHCIR

Glossar

Barrakuda: Ein großer Fisch mit scharfen Zähnen, der in warmen Gewässern lebt

Hufe: Dicke Hornhäute, die um die Zehen mancher Tiere wachsen – ähnlich wie Fuß- und Fingernägel bei den Menschen. Pferde und Zebras haben zum Beispiel Hufe.

Kloakentier: Ein Säugetier, das Eier legt. Es gibt nur drei Kloakentierarten: das Schnabeltier und zwei Arten von Ameisenigeln.

Korallenriffe: Riesige felsartige Formationen im Meer. Sie bestehen aus den Skeletten winziger Meerestiere – den Korallen. Die lebenden Korallen sitzen auf den Skeletten und werden selber Teil des Riffs, wenn sie sterben.

Kugelfisch: Ein Fisch, der sich bei Gefahr kugelförmig aufpumpt. Der Körper des Kugelfisches enthält ein starkes Gift.

Narwal: Ein großer Wal, der in kühlen nördlichen Gewässern lebt. Narwalmännchen haben lange Stoßzähne.

Rudel: Eine kleinere Gruppe von Säugetieren. Wölfe schließen sich zum Beispiel zu Rudeln zusammen.

Säugetier: Ein Tier, dass als Baby Milch aus dem Körper seiner Mutter trinkt

Schwarm: Eine große Gruppe von schwimmenden oder fliegenden Tieren (Fische, Vögel, Insekten)

Tentakel: Lange, dünne, bandartige Gebilde, die einigen Tieren außen am Körper wachsen. Die Tentakel mancher Tiere sind giftig.

Register